school - sakola	2
reis - lalampahan	5
transport - transportasi	8
stad - kota	10
landschap - pamandangan	14
restaurant - restoran	17
supermarkt - supermarkét	20
dranken - inuman	22
eten - dahareun	23
boerderij - pertanian	27
huis - imah	31
woonkamer - rohang tamu	33
keuken - dapur	35
badkamer - kamar ibak	38
kinderkamer - kamar budak	42
kleding - acuk	44
kantoor - kantor	49
economie - ékonomi	51
beroepen - pagawéan	53
gereedschap - alat	56
muziekinstrumenten - alat musik	57
dierentuin - kebon binatang	59
sport - olahraga	62
activiteiten - aktivitas	63
familie - kulawarga	67
lichaam - awak	68
ziekenhuis - rumah sakit	72
noodgeval - darurat	76
aarde - Bumi	77
klok - jam	79
week - minggu	80
jaar - taun	81
vormen - bentuk	83
kleuren - warna-warna	84
tegenstellingen - sabalikna	85
getallen - angka-angka	88
talen - basa-basa	90
wie / wat / hoe - saha / naon / kumaha	91
waar - di mana	92

Impressum
Verlag: BABADADA GmbH, Nedderfeld 112 , 22529 Hamburg
Geschäftsführer / Verlagsleitung: Harald Hof
Druck: Books on Demand GmbH, In de Tarpen 42, 22848 Norderstedt

Imprint
Publisher: BABADADA GmbH, Nedderfeld 112 , 22529 Hamburg, Germany
Managing Director / Publishing direction: Harald Hof
Print: Books on Demand GmbH, In de Tarpen 42, 22848 Norderstedt

school
sakola

schooltas
tas sakola

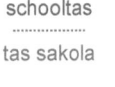

puntenslijper
rautan potlot

etui
wadah potlot

gum
pamupus

potlood
potlot

schetsblok
kertas gambar

tekening
gambar

penseel
kuas cét

verfdoos
kotak cét

schaar
gunting

lijm
lém

schrift
buku latihan

huiswerk
péér

getal
angka

optellen
nambahkeun

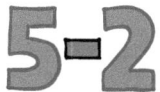

aftrekken
kurang

vermenigvuldigen
kali

rekenen
ngitung

letter
surat

alfabet
alpabét

woord
kecap

school - sakola

tekst
téks

lezen
maca

krijt
kapur

les
palajaran

klassenboek
daptar

examen
ujian

diploma
sértipikat

schooluniform
saragam sakola

opleiding
atikan

encyclopedie
énsiklopédi

universiteit
univérsitas

microscoop
mikroskop

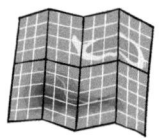
kaart
peta

prullenmand
wadah runtah

reis
lalampahan

hotel
hotél

hostel
hostél

wisselkantoor
kantor pertukaran mata uang

koffer
koper

auto
mobil

taal
basa

ja / nee
muhun / henteu

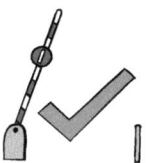

oké
oké

Hallo!
hei

tolk
panarjamah

Bedankt.
hatur nuhun

reis - lalampahan

Wat kost ...?
sabaraha hargana...?

Ik begrijp het niet.
abdi teu ngartos

probleem
masalah

Goedenavond!
Wilujeng wengi!

Goedemorgen!
Wilujeng siang!

Goedenacht!
Wilujeng wengi!

Tot ziens!
mugi patepang deui

richting
arah

bagage
bagasi

tas
kantong

rugzak
ransel

gast
tamu

kamer
rohang

slaapzak
kantong saré

tent
tenda

reis - lalampahan

VVV-kantoor
informasi wisata

strand
pantai

creditkaart
kartu krédit

ontbijt
sarapan

lunch
dahar beurang

diner
dahar peuting

kaartje
tikét

lift
lift

postzegel
perangko

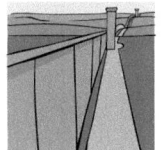
grens
wates

douane
cukai

ambassade
kedutaan

visum
visa

paspoort
paspor

reis - lalampahan

transport
transportasi

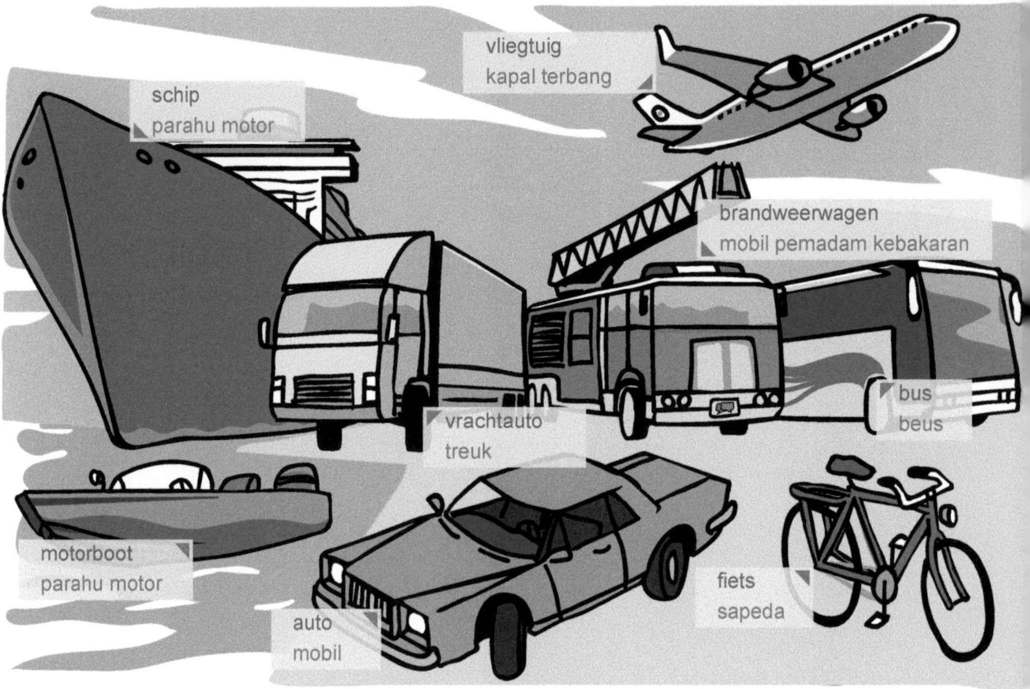

vliegtuig
kapal terbang

schip
parahu motor

brandweerwagen
mobil pemadam kebakaran

vrachtauto
treuk

bus
beus

motorboot
parahu motor

auto
mobil

fiets
sapeda

veerboot
kapal féri

boot
parahu

motorfiets
sapeda motor

politiewagen
mobil pulisi

raceauto
mobil balap

huurauto
mobil nyéwa

carsharing	takelwagen	vuilniswagen
mobil babarengan	treuk dérék	treuk runtah

motor	benzine	benzinepomp
motor	bahan bakar	bénsin

 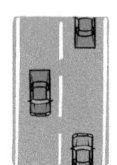 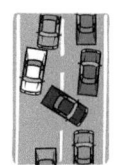

verkeersbord	verkeer	file
tanda lalulintas	lalulintas	macét

parkeerplaats	station	rails
parkir mobil	stasiun karéta	trék

 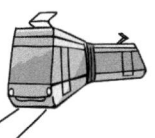 

trein	tram	wagon
karéta api	tram	garobag

transport - transportasi

helikopter	luchthaven	toren
hélikopter	bandara	munara

passagier	container	verhuisdoos
panumpang	konténer	karton

  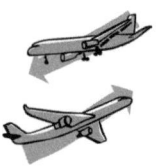

kar	mand	opstijgen / landen
troli	karanjang	terbang / landas

stad
kota

dorp	stadscentrum	huis
kampung	tengah kota	imah

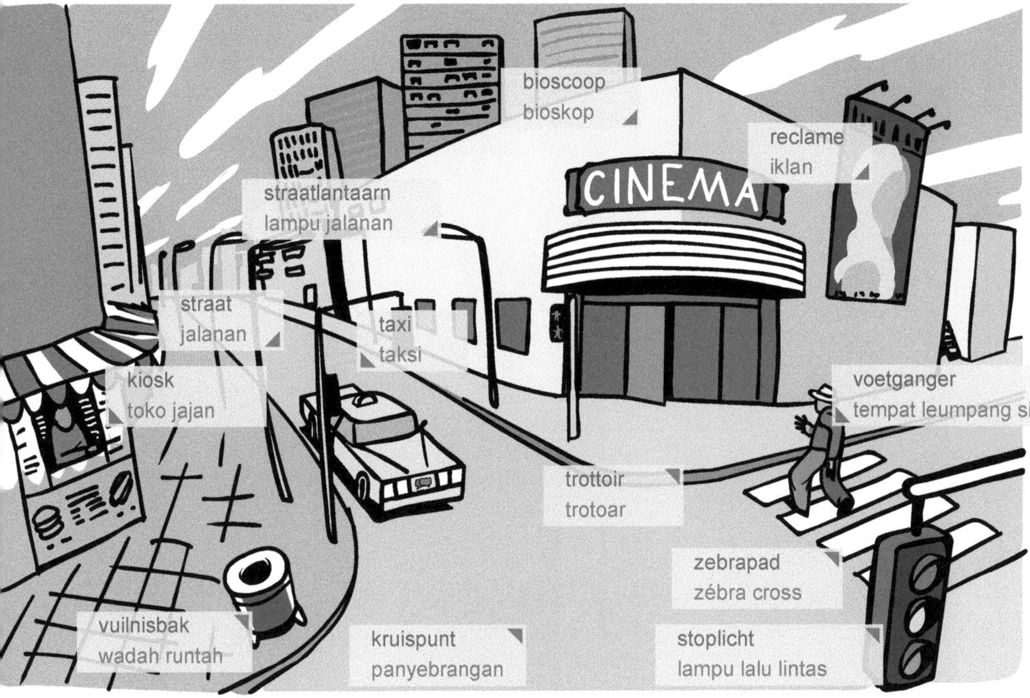

bioscoop
bioskop

reclame
iklan

straatlantaarn
lampu jalanan

straat
jalanan

taxi
taksi

kiosk
toko jajan

voetganger
tempat leumpang sis

trottoir
trotoar

zebrapad
zébra cross

vuilnisbak
wadah runtah

kruispunt
panyebrangan

stoplicht
lampu lalu lintas

hut
gubuk

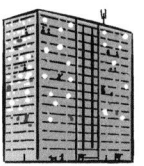

appartement
imah flat

station
stasiun karéta

stadhuis
balai kota

museum
museum

school
sakola

stad - kota

universiteit
univérsitas

bank
bank

ziekenhuis
rumah sakit

hotel
hotél

apotheek
farmasi

kantoor
kantor

boekenwinkel
toko buku

winkel
toko

bloemenwinkel
toko kembang

supermarkt
supermarkét

markt
pasar

warenhuis
swalayan

visboer
nalayan

winkelcentrum
pusat balanja

haven
palabuan

stad - kota

park
kebon

bank
korsi

brug
sasak

trap
tangga

metro
kareta bawah tanah

tunnel
torowongan

bushalte
halte beus

bar
bar

restaurant
restoran

brievenbus
kotak surat

straatnaambord
tanda jalan

parkeermeter
meteran parkir

dierentuin
kebon binatang

zwembad
kolam renang

moskee
masigit

boerderij
pertanian

vervuiling
polusi

begraafplaats
kuburan

kerk
gareja

speelplaats
tempat ulin

tempel
pura

landschap
pamandangan

- blad / daun
- wegwijzer / panunjuk arah
- weg / jalanan
- weide / ladang jukut
- steen / batu
- boom / tangkal
- wandelaar / tukang leumpang
- rivier / susukan
- gras / jukut
- bloem / kembang

vallei
lengkob

berg
bukit

meer
tasik

bos
leuweung

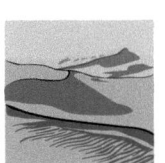

woestijn
gurun

vulkaan
gunung marapi

kasteel
karaton

regenboog
katumbiri

paddenstoel
suung

palmboom
tangkal palem

mug
reungit

vlieg
laleur

mier
sireum

bij
nyiruan

spin
lamat lancah

landschap - pamandangan

kever
nyiruan

kikker
bangkong

eekhoorn
bajing

egel
landak

haas
kalinci

uil
bueuk

vogel
manuk

zwaan
soang

wild zwijn
bagong

hert
kijang

eland
kijang

stuwdam
bendungan

windmolen
turbin angin

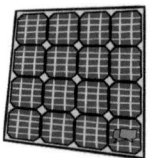
zonnepaneel
panél surya

klimaat
iklim

restaurant
restoran

ober / badega
menu / menu
stoel / korsi
soep / sop
pizza / pitsa
bestek / parkakas dahar
tafelkleed / taplak

voorgerecht — hoofdgerecht — toetje
hidangan pembuka — hidapan utama — hidangan penutup

dranken — eten — fles
inuman — dahareun — botol

fastfood
dahareun cepat saji

eetkraampje
jajanan sisi jalan

theepot
téko téh

suikerpot
wadah gula

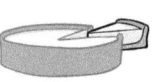
portie
porsi

espressomachine
mesin éspréso

kinderstoel
korsi jangkung

rekening
tagihan

dienblad
baki

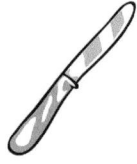
mes
péso

vork
garpu

lepel
séndok

theelepel
séndok téh

servet
serbét

glas
gelas

restaurant - restoran

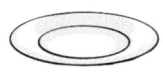		
bord piring	soepbord mangkok sop	schotel pisin
	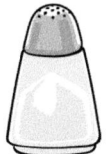	
saus saos	zoutvaatje wadah uyah	pepermolen panggiling pedes
	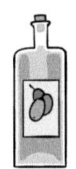	 
azijn cuka	olie minyak	kruiden bumbu

ketchup saos tomat	mosterd mustard	mayonaise mayonés

restaurant - restoran

supermarkt
supermarkét

aanbieding
tawaran husus

klant
klién

zuivelproducten
produk susu

fruit
buah

winkelwagen
troli

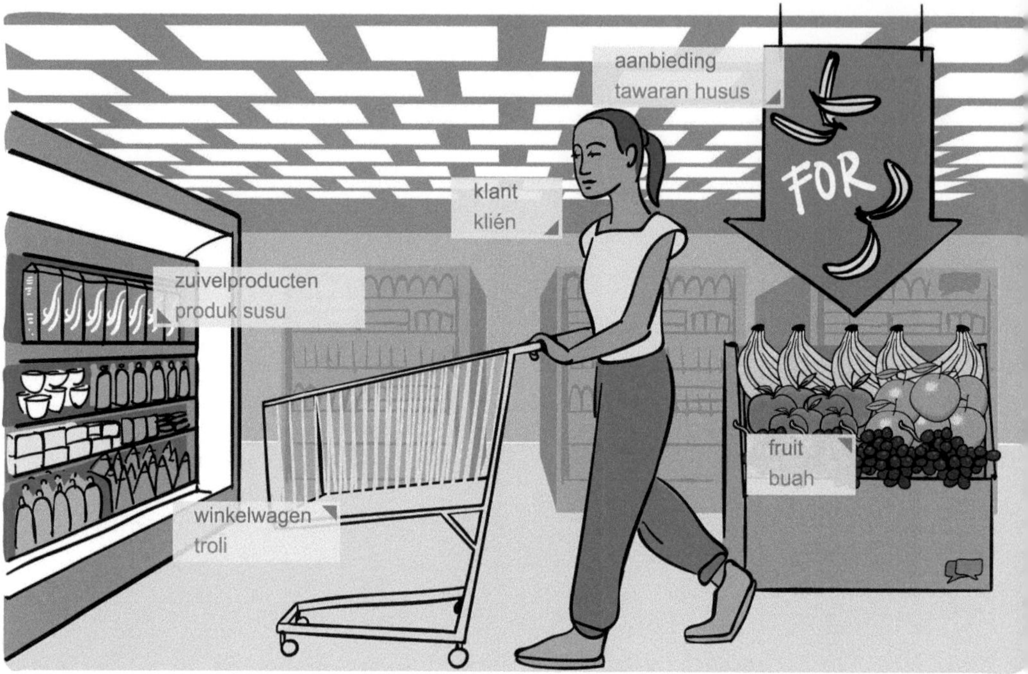

slager
tukang meuncit

bakkerij
toko roti

wegen
nimbang

groente
sayur

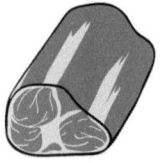

vlees
daging

diepvriesproducten
tuangeun beku

supermarkt - supermarkét

vleeswaren
alat potong daging

conserven
dahareun kaléng

wasmiddel
sabun serbuk

snoepgoed
permén

huishoudelijke artikelen
perkakas rumah tangga

schoonmaakmiddel
produk pembersih

verkoopster
tukang jualan

kassa
kasa

kassier
kasir

boodschappenlijstje
daftar balanja

openingstijden
jam buka

portefeuille
dompét

creditkaart
kartu krédit

tas
kantong

plastic zak
kantong palastik

supermarkt - supermarkét

dranken
inuman

water

cai

sap

jus

melk

susu

cola

kola

wijn

anggur

bier

arak

alcohol

arak

chocolademelk

coklat

thee

téh

koffie

kopi

espresso

éspréso

cappuccino

kapucino

eten
dahareun

banaan
pisang

appel
apel

sinaasappel
jeruk

watermeloen
samangka

citroen
lémon

wortel
wortel

knoflook
bawang bodas

bamboe
awi

ui
bawang bombai

paddenstoel
suung

noten
suuk

pasta
emih

spaghetti — spagéti

rijst — sangu

salade — salat

friet — kentang goréng

gebakken aardappelen — kentang goréng

pizza — pitsa

hamburger — hamburger

sandwich — roti lapis

schnitzel — sakeureut daging

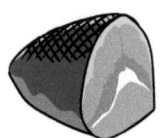

ham — ham

salami — salami

worst — sosis

kip — hayam

gebraad — ngagoreng

vis — lauk

eten - dahareun

havermout
bubur gandum

muesli
séréal

cornflakes
cornflakes

meel
tarigu

croissant
croissant

broodjes
roti

brood
roti

toast
roti panggang

koekjes
biskuit

boter
mantéga

kwark
dadih

taart
kuéh

ei
endog

gebakken ei
goréng endog

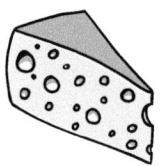
kaas
keju

eten - dahareun

ijs
eskrim

suiker
gula

honing
madu

jam
selé

chocoladepasta
krim coklat

kerrie
karé

eten - dahareun

boerderij
pertanian

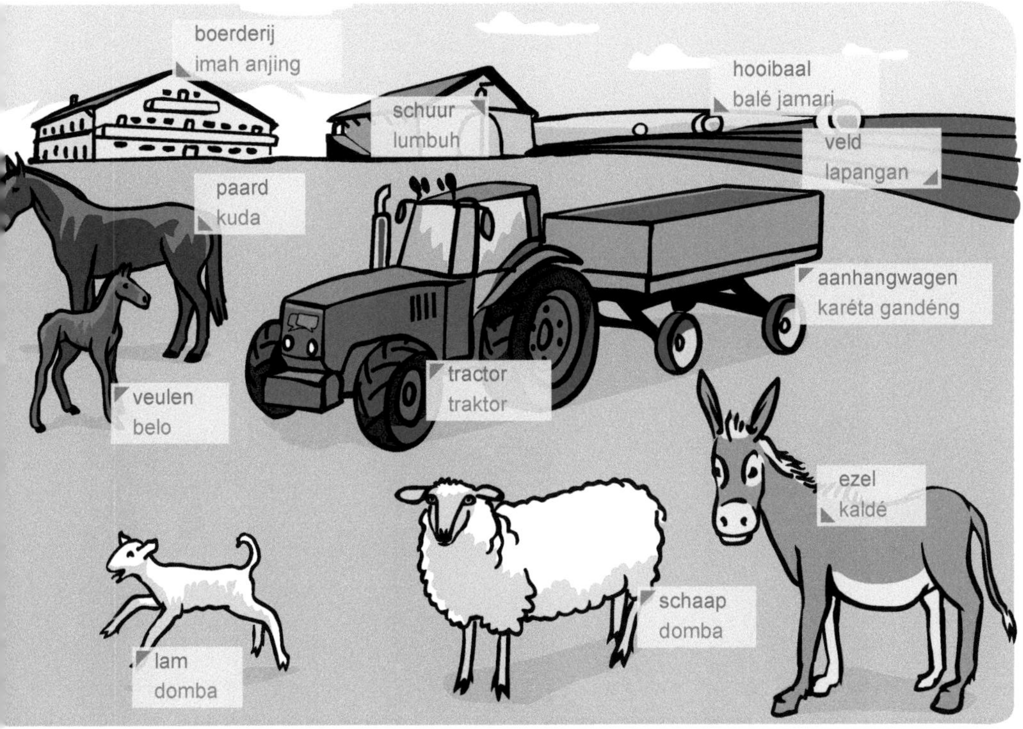

boerderij / imah anjing
schuur / lumbuh
hooibaal / balé jamari
veld / lapangan
paard / kuda
aanhangwagen / karéta gandéng
veulen / belo
tractor / traktor
ezel / kaldé
lam / domba
schaap / domba

geit
embé

koe
sapi

kalf
bitis

varken
bagong

big
babi

stier
banténg

boerderij - pertanian

gans
soang

eend
éntog

kuiken
pitik

kip
hayam

haan
hayam jago

rat
beurit

kat
ucing

muis
beurit

os
sapi

hond
anjing

hondenhok
imah anjing

tuinslang
selang

gieter
kaléng nyiram

zeis
arit panjang

ploeg
ngabajak

boerderij - pertanian

sikkel
arit

schoffel
pacul

hooivork
garpuh jukut

bijl
kapak

kruiwagen
gorobah

trog
palung

melkbus
kaléng susu

zak
karung

hek
pager

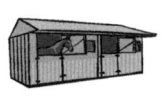
stal
kandang

broeikas
imah kaca

grond
taneuh

zaad
benih

mest
pupuk

maaidorser
mesin permén

boerderij - pertanian

oogsten
panén

oogst
panén

yam
yams

tarwe
gandum

soja
kedelé

aardappel
kentang

maïs
jagong

koolzaad
lobak

fruitboom
tangkal buah

maniok
sampeu

granen
séréal

boerderij - pertanian

huis
imah

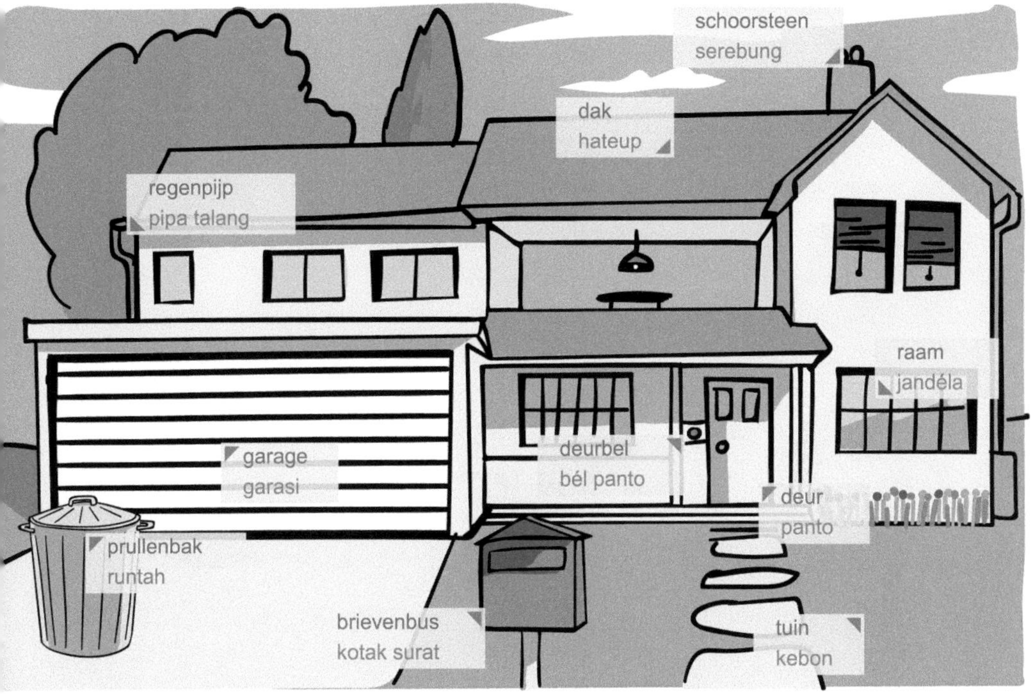

schoorsteen
serebung

dak
hateup

regenpijp
pipa talang

garage
garasi

deurbel
bél panto

raam
jandéla

deur
panto

prullenbak
runtah

brievenbus
kotak surat

tuin
kebon

woonkamer
rohang tamu

badkamer
kamar ibak

keuken
dapur

slaapkamer
pangkéng

kinderkamer
kamar budak

eetkamer
kamar makan

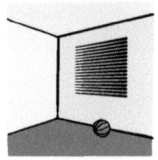
vloer
téhel

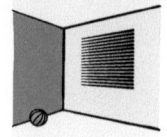
muur
tembok

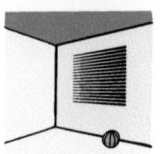
plafond
hateup

kelder
gudang di handap imah

sauna
sauna

balkon
balkon

terras
tepas

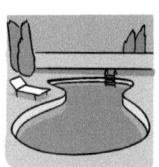
zwembad
kolam renang

grasmaaier
mesin pamotong jukut

laken
sepré

bedsprei
simbut

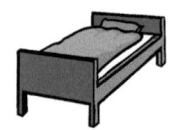
bed
ranjang

bezem
sapu

emmer
émbér

schakelaar
tombol

woonkamer
rohang tamu

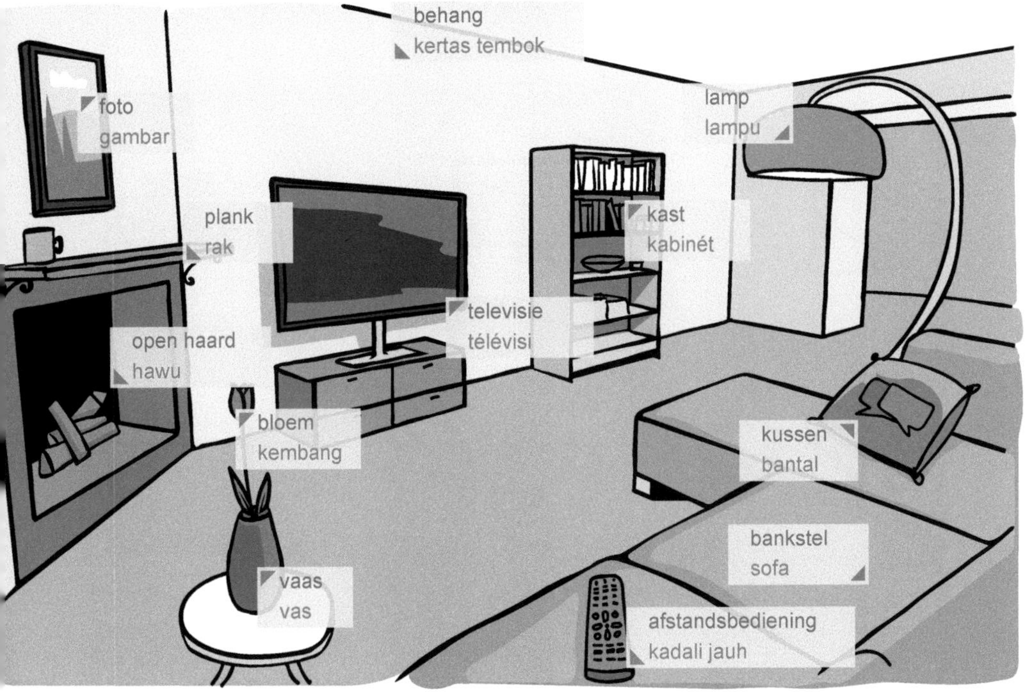

- behang / kertas tembok
- foto / gambar
- lamp / lampu
- plank / rak
- kast / kabinét
- open haard / hawu
- televisie / télévisi
- bloem / kembang
- kussen / bantal
- vaas / vas
- bankstel / sofa
- afstandsbediening / kadali jauh

tapijt
karpét

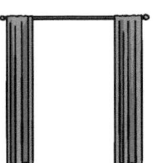

gordijn
hordéng

tafel
meja

stoel
korsi

schommelstoel
korsi goyang

stoel
korsi malas

woonkamer - rohang tamu

boek
buku

deken
simbut

decoratie
dékorasi

brandhout
suluh

film
pilem

stereo-installatie
hi-fi

sleutel
konci

krant
surat kabar

schilderij
lukisan

poster
poster

radio
radio

kladblok
buku tulis

stofzuiger
panyedot kebul

cactus
kaktus

kaars
lilin

keuken
dapur

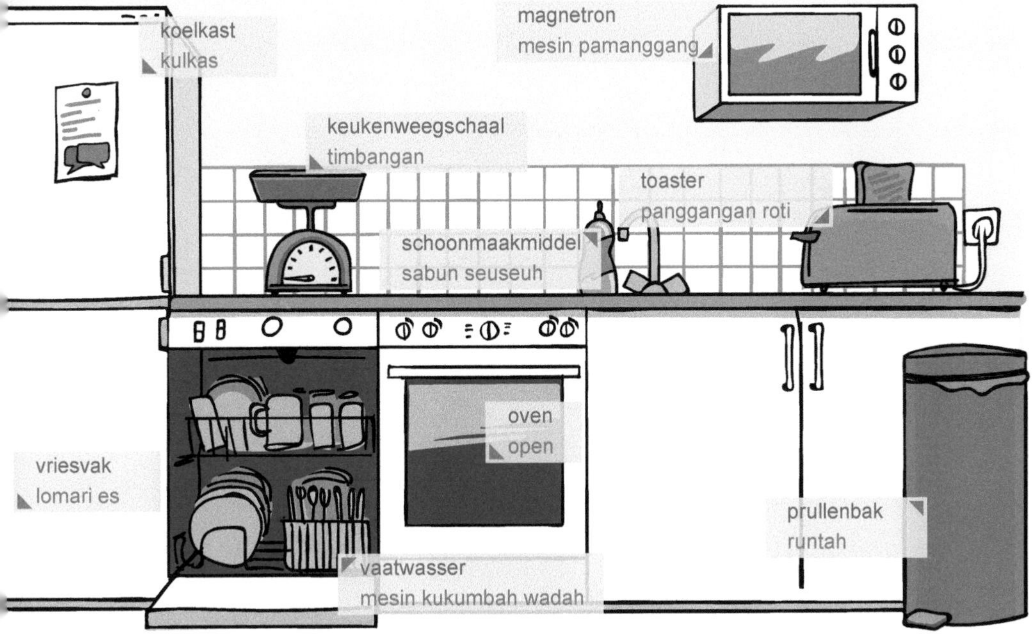

koelkast / kulkas
magnetron / mesin pamanggang
keukenweegschaal / timbangan
toaster / panggangan roti
schoonmaakmiddel / sabun seuseuh
oven / open
vriesvak / lomari es
prullenbak / runtah
vaatwasser / mesin kukumbah wadah

fornuis
kompor

pan
panci

gietijzeren pan
panci beusi

wok / kadai
katél

koekenpan
panci

ketel
citél

keuken - dapur

stoomkoker
langseng

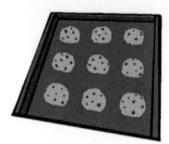

bakplaat
baki

servies
piring

beker
cangkir

kom
mangkok

eetstokjes
sumpit

soeplepel
sendok sop

spatel
sérok

garde
pangocok

vergiet
ayakan

zeef
saringan

rasp
parutan

vijzel
mortar

barbecue
daging bakar

vuurhaard
suluh

keuken - dapur

snijplank
papan pamotong

deegroller
gilingan

kurkentrekker
alat pambuka tutup botol

blik
kaléng

blikopener
pambuka kaléng

pannenlap
gagang panci

wasbak
tilelep

borstel
sikat

spons
busa

blender
blénder

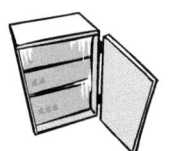

vriezer
lomari es

babyflesje
botol orok

kraan
keran

keuken - dapur

badkamer
kamar ibak

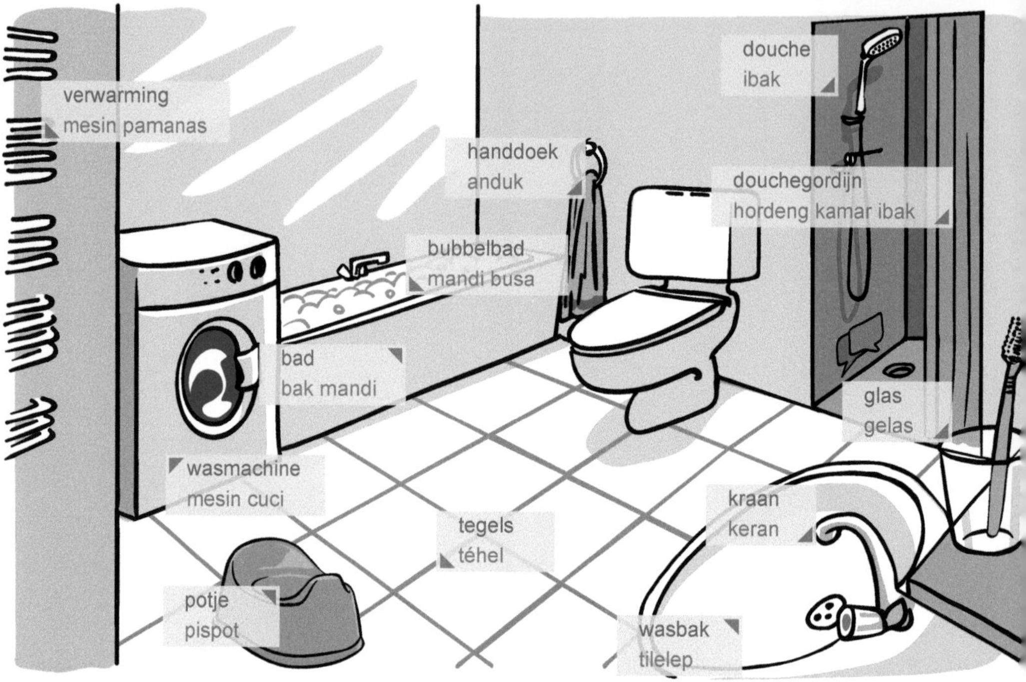

- verwarming / mesin pamanas
- douche / ibak
- handdoek / anduk
- douchegordijn / hordeng kamar ibak
- bubbelbad / mandi busa
- bad / bak mandi
- wasmachine / mesin cuci
- glas / gelas
- tegels / téhel
- kraan / keran
- potje / pispot
- wasbak / tilelep

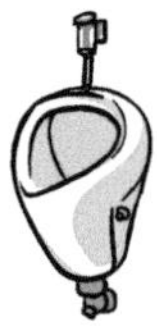

toilet	hurktoilet	bidet
jamban	cubluk	bidét
urinoir	toiletpapier	toiletborstel
urinal	kertas jamban	sikat jamban

tandenborstel
sikat huntu

tandpasta
odol

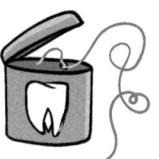
flosdraad
benang gigi

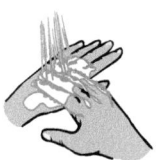
wassen
nyeuseuh

handdouche
kokocoran leungeun

toiletdouche
kukucuran

waskom
bak

rugborstel
panyikat tonggong

zeep
sabun

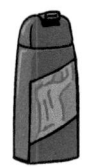
douchegel
gel ibak

shampoo
sampo

washanje
planél

afvoer
nguras

creme
krim

deodorant
déodoran

badkamer - kamar ibak

spiegel
eunteung

make-upspiegel
eunteung leungeun

scheermes
péso cukur

scheerschuim
busa cukur

aftershave
krim cukur

kam
sisir

borstel
sikat

haardroger
alat panggaring rambut

haarspray
semprotan rambut

make-up
pangrias beungeut

lippenstift
lipstik

nagellak
cét kuku

watten
kapas

nagelschaartje
gunting kuku

parfum
minyak seungit

badkamer - kamar ibak

toilettas
kantong seuseuh

kruk
bangku

weegschaal
timbangan

badjas
baju mandi

rubber handschoenen
sarung tangan karét

tampon
sampon

maandverband
handuk pembalut

chemisch toilet
jamban kimia

kinderkamer
kamar budak

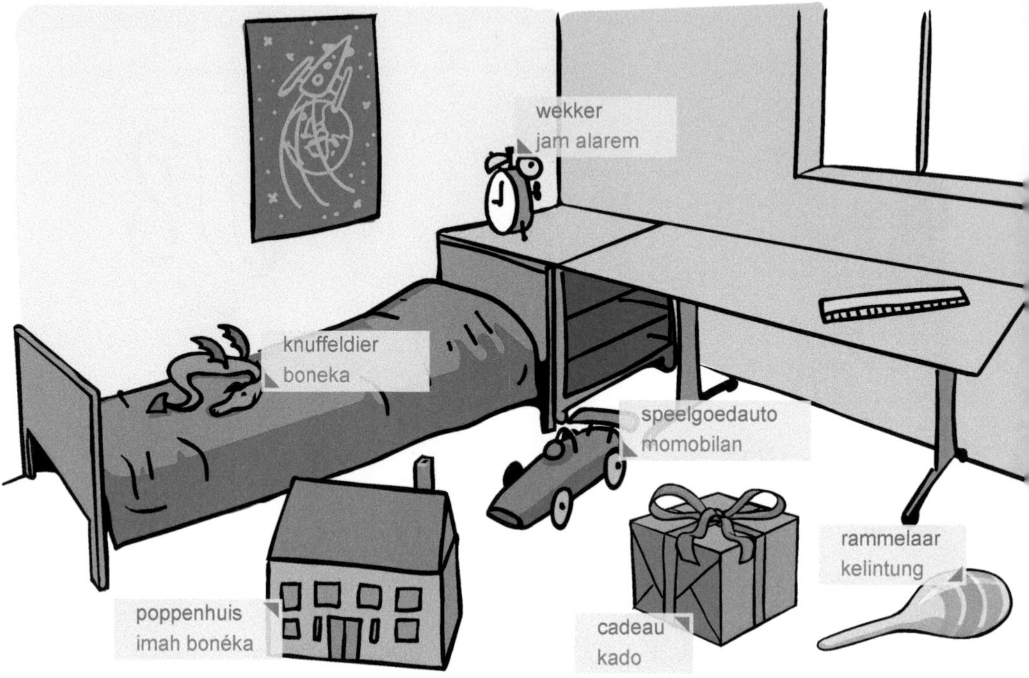

wekker / jam alarem
knuffeldier / boneka
speelgoedauto / momobilan
rammelaar / kelintung
poppenhuis / imah bonéka
cadeau / kado

ballon
balon

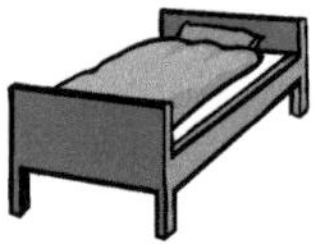

bed
ranjang

kinderwagen
karéta orok

kaartspel
kartu

puzzel
tatarucingan

stripverhaal
komik

legostenen
kaulinan lego

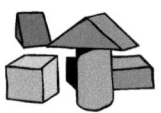

speelgoedblokken
kaulinan bentuk blok

actiefiguurtje
figur tokoh

romper
baju budak

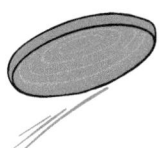

frisbee
frisbee

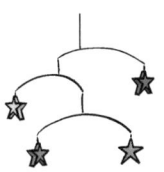

mobile
mobile

bordspel
papan gim

dobbelsteen
dadu

modeltrein
set model kareta api

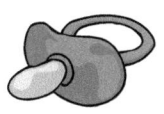

speen
endot

feestje
pihak

prentenboek
buku gambar

bal
bal

pop
bonéka

spelen
ulin

kinderkamer - kamar budak

zandbak
wadah pasir maénan

schommel
ayunan

speelgoed
kaulinan

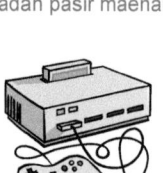

spelcomputer
video gim konsol

driewieler
sapedah roda tilu

teddybeer
bonéka beruang

kleerkast
lomari baju

kleding
acuk

sokken
kaos kaki

kousen
kaos kaki

panty
baju ketat

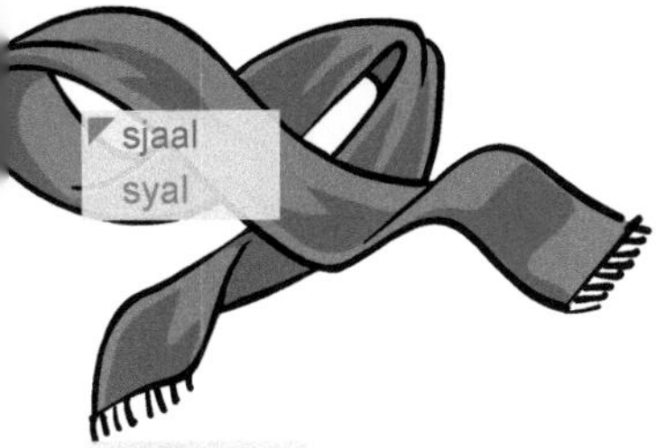

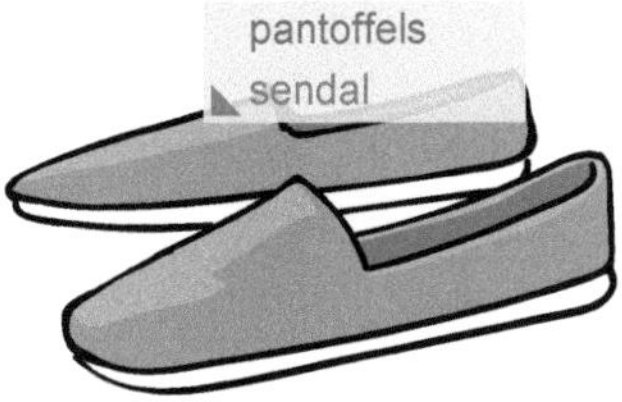

sjaal / syal

paraplu / payung

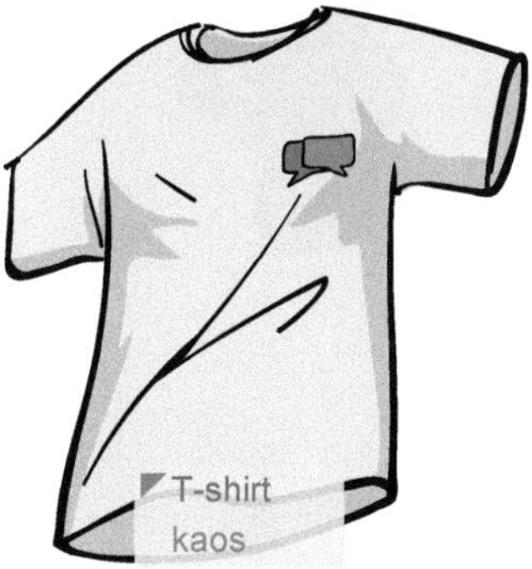

riem / beubeur

T-shirt / kaos

laarzen / sapatu bot

pantoffels / sendal

sportschoenen / sapatu

sandalen
sendal

schoenen
sapatu

rubberlaarzen
sapatu bot karét

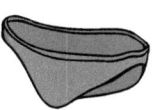

onderbroek
cangcut

beha
kutang

onderhemd
baju rompi

kleding - acuk

45

body
awak

broek
calana

spijkerbroek
jins

rok
rok

blouse
blus

overhemd
kaméja

trui
jakét tiung

hoody
baju haneut

blazer
jakét

jas
jakét

mantel
jakét

regenjas
jas hujan

kostuum
kostum

jurk
gaun

trouwjurk
gaun pangantén

pak
baju resmi

nachthemd
baju saré

pyjama
piyama

sari
sari

hoofddoek
tiung

tulband
turban

boerka
burka

kaftan
kaftan

abaja
abaya

zwempak
baju renang

zwembroek
calana renang

korte broek
calana péndék

trainingspak
orang raga

schort
celemék

handschoenen
sarung tangan

kleding - acuk

knoop
kancing

bril
kaca soca

armband
gelang

ketting
kongkorong

ring
ali

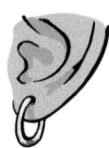

oorbel
giwang

pet
topi

kledinghanger
gantungan jakét

hoed
topi

stropdas
dasi

rits
risléting

helm
hélem

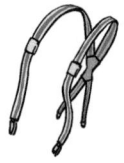

bretels
tali salémpang

schooluniform
saragam sakola

uniform
saragam

slabbetje
apron orok

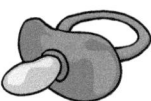
speen
endot

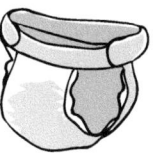
luier
popok

kantoor
kantor

- archiefkast / lomari arsip
- server / server
- printer / panyetak
- beeldscherm / layar
- papier / kertas
- muis / mouse komputer
- bureau / méja gawé
- map / tempat pangarsipan
- toetsenbord / papan tombol
- prullenmand / wadah runtah
- computer / komputer
- stoel / korsi

koffiemok
cangkir kopi

rekenmachine
kalkulator

internet
internét

laptop
laptop

brief
surat

bericht
pesen

mobiele telefoon
telpon sélulér

netwerk
jaringan

kopieermachine
fotokopi

software
software

telefoon
telpon

stopcontact
plug sokét

fax
mesin fax

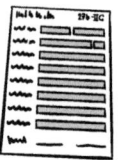
formulier
formulir

document
dokumén

economie
ékonomi

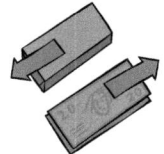

kopen
mésér

betalen
mayar

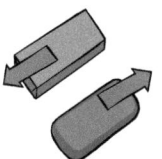

handel drijven
dagang

geld
artos

dollar
dollar

euro
euro

yen
yen

roebel
rubel

Zwitserse frank
Franc swiss

renminbi yuan
renminbi yuan

roepie
rupiah

geldautomaat
ATM

wisselkantoor

kantor pertukaran mata uang

goud

emas

zilver

pérak

olie

minyak

energie

énérgi

prijs

harga

contract

kontrak

belasting

pajak

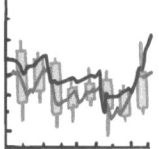

aandeel

saham

werken

gawé

werknemer

karyawan

werkgever

dunungan

fabriek

pabril

winkel

toko

economie - ékonomi

beroepen
pagawéan

politieagent / petugas pulisi

brandweerman / pemadam kebakaran

kok / koki

dokter / dokter

piloot / pilot

tuinman
tukan kebon

timmerman
tukang kai

naaister
tukang jait awéwé

rechter
hakim

scheikundige
ahli kimia

toneelspeler
aktor

buschauffeur
sopir beus

taxichauffeur
sopir taksi

visser
nalayan

schoonmaakster
pembantu

dakdekker
tukang hateup

ober
badega

jager
tukang muru

schilder
pelukis

bakker
tukang roti

elektricien
tukang listrik

bouwvakker
tukang bangun

ingenieur
insinyur

slager
tukang daging

loodgieter
tukang pipa

postbode
tukang pos

beroepen - pagawéan

soldaat
tentara

architect
arsiték

kassier
kasir

bloemist
tukang kembang

kapper
tukang salon

conducteur
konduktor

monteur
tukang méngkél

kapitein
kaptén

tandarts
dokter gigi

wetenschapper
ilmuwan

rabbi
rabbi

imam
imam

monnik
biarawan

pastoor
pendéta

gereedschap
alat

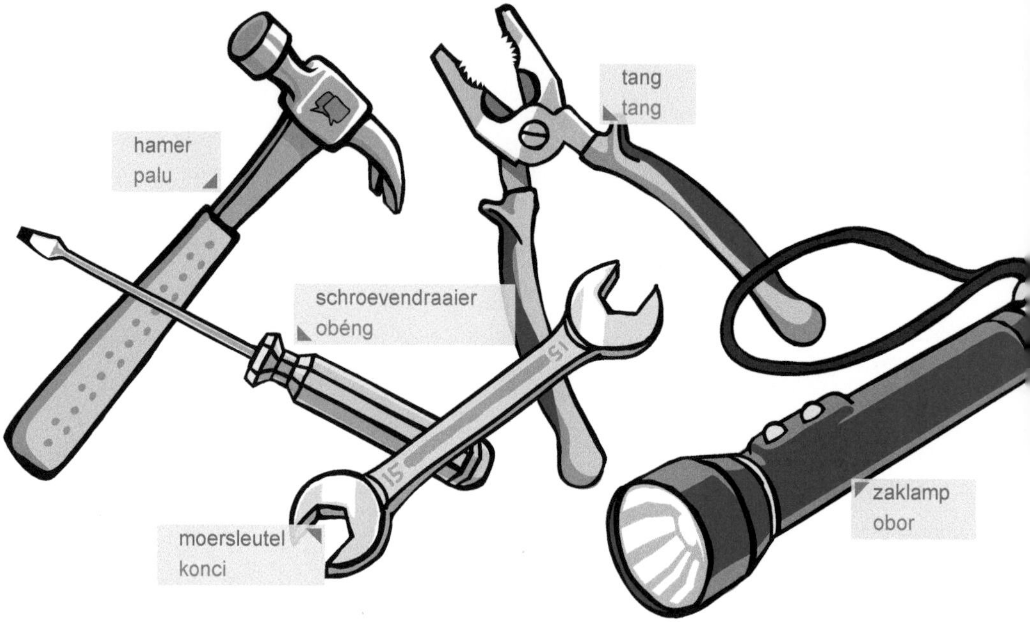

hamer
palu

tang
tang

schroevendraaier
obéng

zaklamp
obor

moersleutel
konci

graafmachine
panggali

gereedschapskist
kantong parkakas

ladder
tangga

zaag
ragaji

spijkers
paku

boor
bor

repareren
ngabenerkeun

schep
sekop

Verdorie!
Kéhéd!

stofblik
pengki

verfpot
pot cét

schroeven
sekrup bor

muziekinstrumenten
alat musik

- drumstel / alat dreum
- luidspreker / spiker
- gitaar / gitar
- contrabas / bas
- trompet / tarompét

piano
piano

viool
violin

bas
bas

pauk
tambur

trommel
dreum

keyboard
keyboard

saxofoon
saksofon

fluit
suling

microfoon
mikrofon

muziekinstrumenten - alat musik

dierentuin
kebon binatang

ingang
panto asup

tijger
maung

kooi
kandang

zebra
sebra

dierenvoer
parab

panda
panda

dieren
sato

olifant
gajah

kangoeroe
kanguru

neushoorn
badak

gorilla
gorila

beer
biruang

kameel
onta

struisvogel
manuk onta

leeuw
singa

aap
monyét

flamingo
flamingo

papegaai
manuk béo

ijsbeer
biruang polar

pinguïn
penguin

haai
hiu

pauw
merak

slang
oray

krokodil
buaya

dierenverzorger
tukang jaga kebon binatang

zeehond
anjing laut

jaguar
jaguar

dierentuin - kebon binatang

pony
kuda poni

luipaard
macan tutul

nijlpaard
kuda nil

giraffe
jerapah

adelaar
heulang

wild zwijn
bagong

vis
lauk

schildpad
kuya

walrus
anjing laut

vos
robah

gazelle
kijang

dierentuin - kebon binatang

sport
olahraga

activiteiten
aktivitas

- pringen / gaganjleng
- knuffelen / nangkeup
- lachen / seuri
- lopen / leumpang
- zingen / nyanyi
- bidden / ngadoa
- kussen / nyium
- dromen / ngimpén

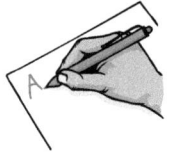

schrijven
nyerat / nulis

tekenen
ngalukis

tonen
ningalikeun

duwen
ngadorong

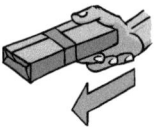

geven
méré

oppakken
mawa

hebben
boga

doen
ngalakukeun

zijn
nya éta

staan
tatih

rennen
lumpat

trekken
narik

gooien
malédog

vallen
ragrag

liggen
saré

wachten
nungguan

dragen
nyandak

zitten
diuk

aankleden
anggé acuk

slapen
saré

wakker worden
hudang

bekijken
ningali

huilen
méwék

strelen
ngusapan

kammen
nyisir

praten
nyarita

begrijpen
ngarti

vragen
naros

horen
ngadéngé

drinken
nginum

eten
dahar

opruimen
bébérés

houden van
bogoh

koken
masak

rijden
nyetir

vliegen
hiber

zeilen
balayar

rekenen
ngitung

lezen
maca

leren
diajar

werken
gawé

trouwen
kawin

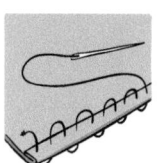
naaien
ngajait

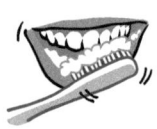
tandenpoetsen
sikat huntu

doden
maéhan

roken
ngarokok

verzenden
ngirim

activiteiten - aktivitas

familie
kulawarga

- grootmoeder / nini
- grootvader / aki
- vader / bapak
- moeder / emak
- baby / orok
- dochter / budak awéwé
- zoon / budak lalaki

gast
tamu

tante
bibi

oom
emang

broer
aa

zus
tétéh

lichaam
awak

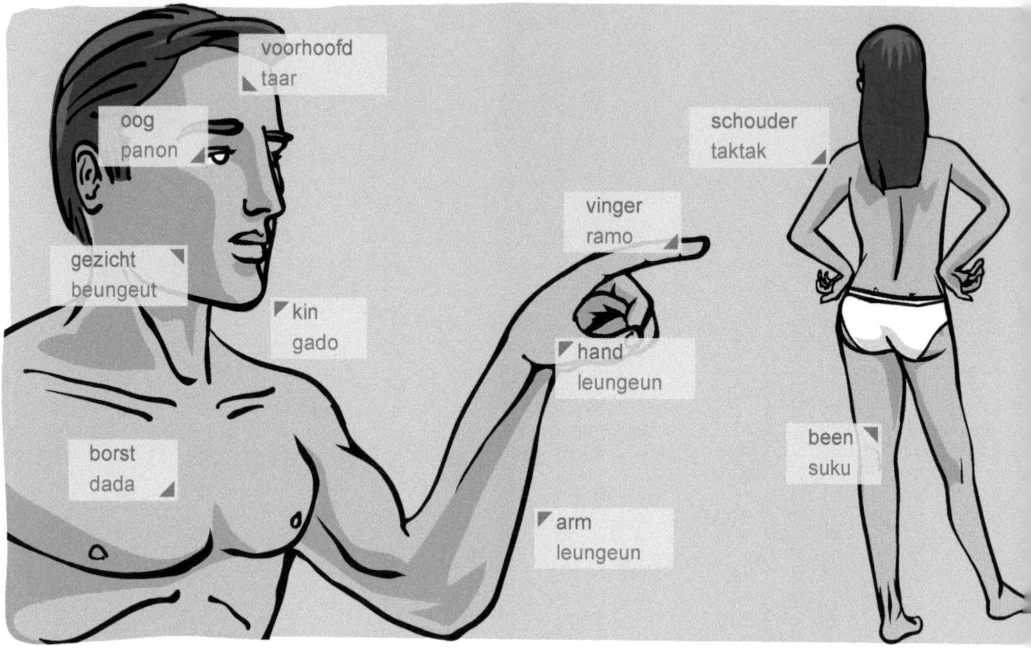

- voorhoofd — taar
- oog — panon
- gezicht — beungeut
- schouder — taktak
- vinger — ramo
- kin — gado
- hand — leungeun
- borst — dada
- been — suku
- arm — leungeun

baby
orok

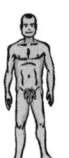

man
lalaki

vrouw
awéwé

meisje
awéwé

jongen
lalaki

hoofd
sirah

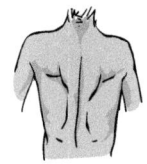
rug
tonggong

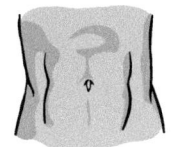
buik
beuteung

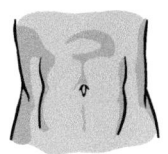
navel
bujal

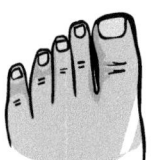
teen
jempol

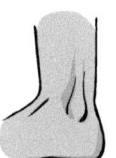
hiel
keuneung

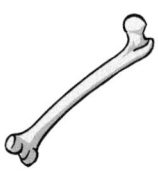
bot
tulang

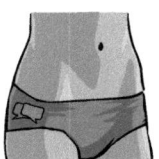
heup
cangkéng

knie
tuur

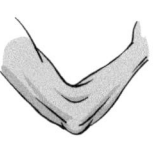
elleboog
sikut

neus
irung

achterwerk
bujur

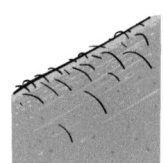
huid
kulit

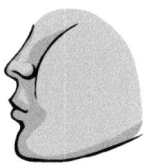
wang
pipi

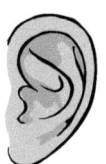
oor
ceuli

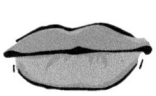
lippen
biwir

mond
baham

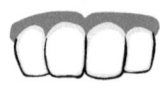
tand
huntu

tong
létah

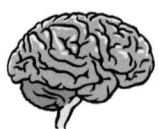
hersenen
uteuk

hart
haté

spier
otot

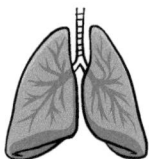
long
bayah

lever
ati

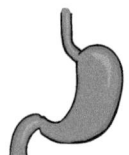
maag
lambung

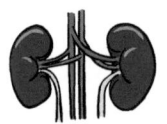
nieren
ginjal

geslachtsgemeenschap
sapatemon

condoom
kondom

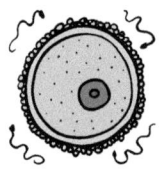
eicel
sél telur

sperma
spérma

zwangerschap
kakandungan

lichaam - awak

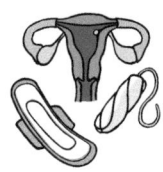
menstruatie
haid

vagina
heunceut

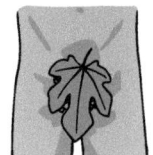
penis
sirit

wenkbrauw
halis

haar
buuk

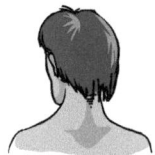
hals
beuheung

ziekenhuis
rumah sakit

- ziekenhuis / rumah sakit
- ambulance / ambulan
- rolstoel / korsi roda
- fractuur / pateuh

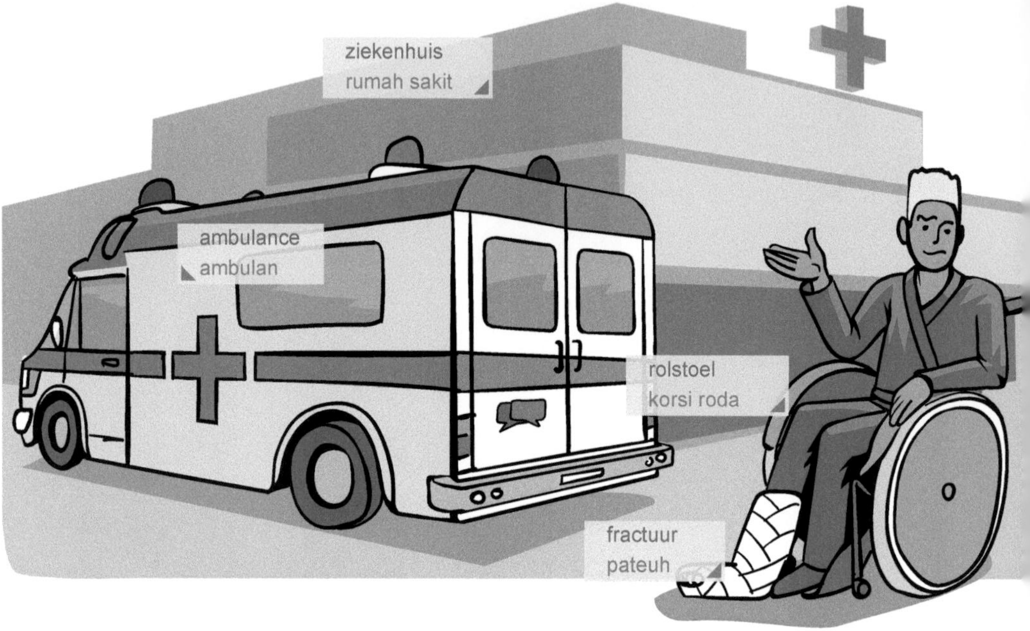

dokter
dokter

EHBO
rohang darurat

verpleegster
parawat

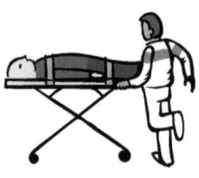

noodgeval
darurat

bewusteloos
pingsan

pijn
nyeri

verwonding
tatu

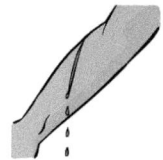
bloeding
ngaluarkeun getih

hartaanval
jantungan

beroerte
strok

allergie
alérgi

hoest
batuk

koorts
muriang

griep
salésma

diarree
birit

hoofdpijn
rieut

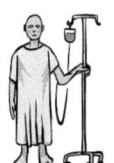
kanker
kanker

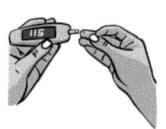
diabetes
diabétés

chirurg
ahli bedah

scalpel
péso bedah

operatie
operasi

ziekenhuis - rumah sakit

CT
CT

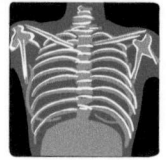
röntgen
sinar x

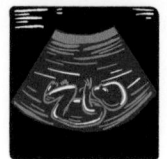
echografie
usg

gezichtsmasker
topéng

ziekte
panyakit

wachtkamer
rohang tunggu

kruk
pangrojong

pleister
paléstér

verband
perban

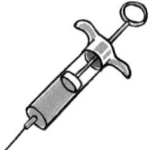
injectie
injéksi

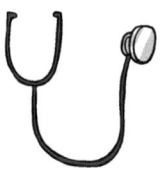
stethoscoop
stétoskop

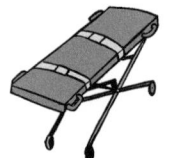
brancard
tandu

thermometer
termométer klinis

geboorte
kalahiran

overgewicht
obésitas

ziekenhuis - rumah sakit

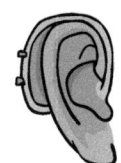  

gehoorapparaat	ontsmettingsmiddel	infectie
alat bantu dédéngéan	désinféktan	inféksi

virus	HIV / AIDS	medicijn
virus	HIV / AIDS	obat

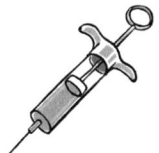 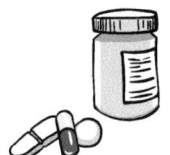 

inenting	tabletten	pil
vaksinasi	tablét	pil

alarmnummer	bloeddrukmeter	ziek / gezond
panggilan darurat	ngukur ténsi	gering / séhat

noodgeval
darurat

Help!	 alarm	 overval
Tulung!	alarem	gangguan

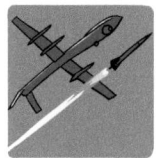 aanval	 gevaar	 nooduitgang
narajang	bahaya	panto darurat

Brand!	 brandblusser	 ongeluk
Seuneu!	alat pemadam kabakaran	kacilakaan

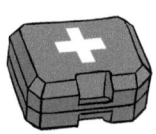 EHBO-koffer	 SOS	 politie
kotak P3K	SOS	pulisi

aarde
Bumi

Europa
Eropa

Noord-Amerika
Amérika Utara

Zuid-Amerika
Amérika Selatan

Afrika
Afrika

Azië
Asia

Australië
Australi

Atlantische Oceaan
Atlantik

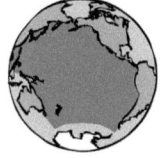

Stille Oceaan
Pasifik

Indische Oceaan
Samudra Hindia

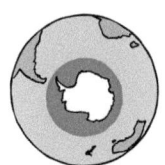

Zuidelijke Oceaan
Samudra Antartika

Noordelijke IJszee
Samudra Arktik

Noordpool
Kutub Utara

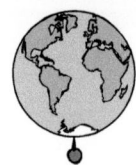  

Zuidpool	Antarctica	aarde
Kutub Selatan	Antartika	Bumi

land	zee	eiland
tanah	laut	pulau

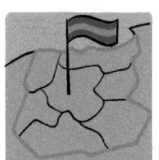 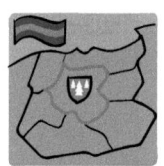

natie	staat
bangsa	nagara

klok
jam

wijzerplaat
jam wajah

uurwijzer
jarum péndék

minutenwijzer
jarum menit

secondewijzer
jarum detik

Hoe laat is het?
Tabuh sabaraha?

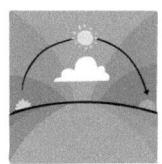

dag
poé

tijd
waktos

nu
ayeuna

digitaal horloge
jam digital

minuut
menit

uur
jam

week
minggu

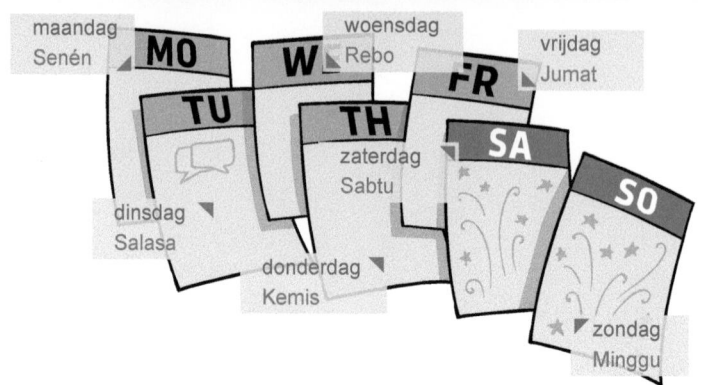

maandag / Senén — MO
woensdag / Rebo — W
vrijdag / Jumat — FR
dinsdag / Salasa — TU
donderdag / Kemis — TH
zaterdag / Sabtu — SA
zondag / Minggu — SO

gisteren
kamari

vandaag
dinten ayeuna

morgen
énjing

ochtend
énjing-énjing / isuk-isuk

middag
siang

avond
peuting

werkdagen
poé gawé

weekend
akhir minggu

80   week - minggu

jaar
taun

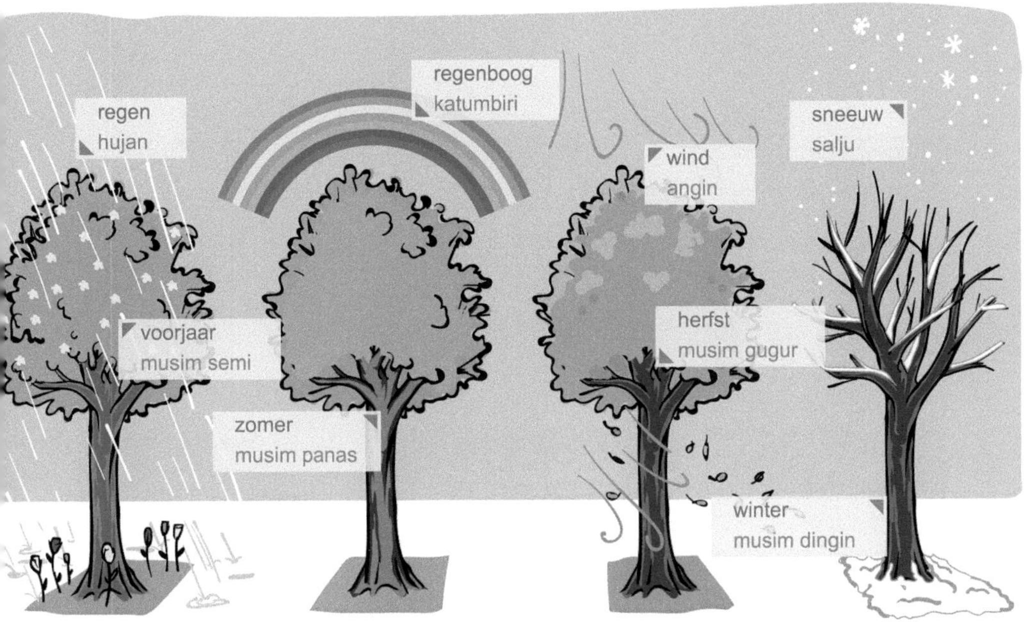

regen
hujan
regenboog
katumbiri
wind
angin
sneeuw
salju
voorjaar
musim semi
herfst
musim gugur
zomer
musim panas
winter
musim dingin

4.APRIL 11°
5.APRIL 4°
6.APRIL 13°
7.APRIL 8°
8.APRIL 10°

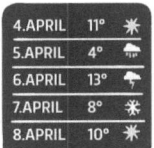

weerbericht

ramalan cuaca

F
C
120
90
60
30
0
-30
40
30
20
10
0
-10
-20

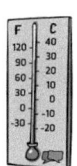

thermometer

térmométer

zonneschijn

panon poé

wolk

awan

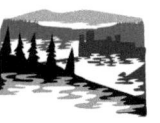

mist

pepedut

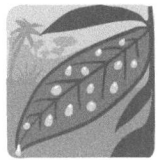

luchtvochtigheid

kelembaban

bliksem
gelap

donder
guntur

storm
badai

hagel
hujan és

moesson
angin muson

overstroming
caah

ijs
és

januari
Januari

februari
Pébruari

maart
Maret

april
April

mei
Mei

juni
Juni

juli
Juli

augustus
Agustus

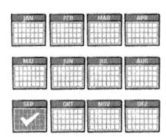
september
Séptémber

oktober
Oktober

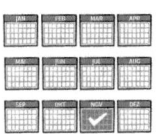
november
Nopémber

december
Désémber

vormen
bentuk

cirkel
buleudan

vierkant
persegi

rechthoek
persegi panjang

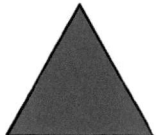
driehoek
segi tiga

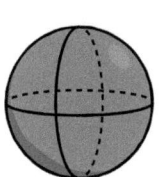
bol
bola

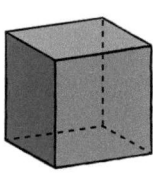
kubus
kubus

kleuren
warna-warna

wit
bodas

geel
konéng

oranje
oranyeu

roze
kayas

rood
beureum

paars
bungur

blauw
bulao

groen
héjo

bruin
coklat

grijs
abu-abu

zwart
hideung

tegenstellingen
sabalikna

veel / weinig
loba / saeutik

boos / rustig
ambek / kalem

mooi / lelijk
geulis / goreng

begin / einde
ngamimitian / réngsé

groot / klein
gedé / leutik

licht / donker
caang / poék

broer / zus
dulur lalaki / dulur awéwé

schoon / vies
bersih / kotor

volledig / onvolledig
lengkep / teu lengkep

dag/ nacht
poé / peuting

dood / levend
paéh / hirup

breed / smal
lega / heureut

eetbaar / oneetbaar

bisa didahar / teu bisa didahar

gemeen / aardig

jahat / bageur

opgewonden / verveeld

sumanget / bosen

dik / dun

badag / begang

eerste / laatste

kahiji / terakhir

vriend / vijand

baturan / musuh

vol / leeg

pinuh / kosong

hard / zacht

heuras / lemes

zwaar / licht

beurat / hampang

honger / dorst

kalaparan / haus

ziek / gezond

gering / séhat

illegaal / legaal

ilegal / legal

intelligent / dom

calakan / bodo

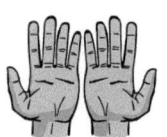

links / rechts

kénca / katuhu

dichtbij / ver

deukeut / jauh

tegenstellingen - sabalikna

nieuw / gebruikt

anyar / urut

niets / iets

euweuh nanaon / aya nanaon

oud / jong

kolot / ngora

aan / uit

hurung / pareum

open / gesloten

buka / tutup

zacht / luid

jempé / gandéng

rijk / arm

beunghar / sangsara

goed / fout

bener / salah

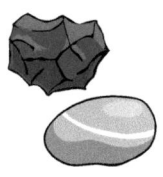

ruw / glad

kasar / lemes

verdrietig / gelukkig

sedih / gumbira

kort / lang

pendék / panjang

langzaam / snel

alon / gancang

nat / droog

baseuh / garing

warm / koel

haneut / tiis

oorlog / vrede

perang / damai

tegenstellingen - sabalikna

getallen
angka-angka

0
nul
nol

1
één
hiji

2
twee
dua

3
drie
tilu

4
vier
opat

5
vijf
lima

6
zes
genep

7
zeven
tujuh

8
acht
dalapan

9
negen
salapan

10
tien
sapuluh

11
elf
sawelas

12
twaalf
duawelas

13
dertien
tiluwelah

14
veertien
opatwelas

15
vijftien
limawelas

16
zestien
genepwelas

17
zeventien
tujuhwelas

18
achttien
dalapanwelas

19
negentien
salapanwelas

20
twintig
duapuluh

100
honderd
saratus

1.000
duizend
sarébu

1.000.000
miljoen
sajuta

talen
basa-basa

Engels

Inggris

Amerikaans Engels

basa Inggris Amerika

Chinees Mandarijn

basa Cina Mandarin

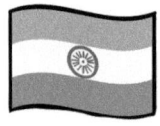

Hindi

basa Hindi

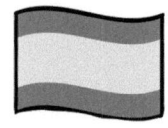

Spaans

basa Spanyol

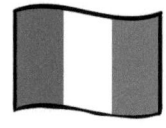

Frans

basa Perancis

Arabisch

basa Arab

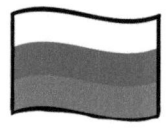

Russisch

basa Rusia

Portugees

basa Portugis

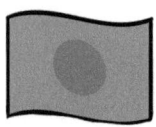

Bengalees

basa Bengal

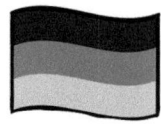

Duits

basa Jerman

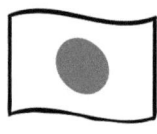

Japans

basa Jepang

wie / wat / hoe
saha / naon / kumaha

ik
urang

jij
manéh

hij / zij / het
anjeunna / manéhna

wij
arurang

jullie
maranéh

zij
aranjeunna / maranéhna

wie?
saha?

wat?
naon?

hoe?
kumaha?

waar?
di mana?

wanneer?
iraha?

naam
wasta / ngaran

waar
di mana

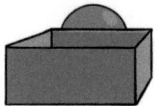
achter
di tukang

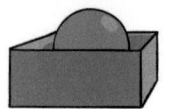
in
di

voor
di hareup

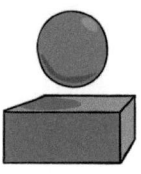
boven
di luhureun

op
di luhur

onder
di handapeun

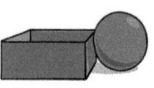
naast
di gigir

tussen
antawis

plaats
tempat